A LA MÉMOIRE

DE

AUGUSTE DEMKÈS

DIRECTEUR DE L'ÉCOLE PRIMAIRE COMMUNALE

DE LA RUE DES BATIGNOLLES

DÉCÉDÉ LE 11 MAI 1877

SOUVENIR DE LA DÉLÉGATION CANTONALE

ET DE LA SOCIÉTÉ DE SECOURS MUTUELS

DU XVIIe ARRONDISSEMENT

PARIS

TYPOGRAPHIE A. HENNUYER

RUE D'ARCET, 7

1877

A LA MÉMOIRE

DE

AUGUSTE DEMKÈS

DIRECTEUR DE L'ÉCOLE PRIMAIRE COMMUNALE
DE LA RUE DES BATIGNOLLES

DÉCÉDÉ LE 11 MAI 1877

SOUVENIR DE LA DÉLÉGATION CANTONALE

ET DE LA SOCIÉTÉ DE SECOURS MUTUELS

DU XVIIe ARRONDISSEMENT

PARIS
TYPOGRAPHIE A. HENNUYER
RUE D'ARCET, 7
—
1877

A LA MÉMOIRE

DE

AUGUSTE DEMKÈS

DISCOURS DE M. LÉON COSNARD

MAIRE DU 17ᵉ ARRONDISSEMENT.

Messieurs,

C'est pour rendre un dernier hommage à la mémoire de l'excellent citoyen que nous venons d'accompagner à sa dernière demeure, et pour acquitter une dette personnelle de reconnaissance, que je prends la parole dans cette douloureuse cérémonie.

C'est au nom du 17ᵉ arrondissement, que j'ai l'honneur de représenter ici; c'est au nom de tous ces pères de famille dont il a élevé les enfants, de tous ces jeunes gens dont il a fait des hommes, de ces jeunes écoliers qui m'entourent et qui le pleurent, que je viens dire un dernier adieu à cet homme de bien, dont toute la vie a été consacrée à l'éducation de la jeunesse.

Je voudrais être l'interprète fidèle de tant de regrets, et je réclame votre indulgence si je reste au-dessous d'une si grande tâche. J'ai trop peu connu M. Demkès pour l'apprécier comme il le méritait, et je laisse à des voix plus autorisées que la mienne le soin de vous dire ce qu'était l'instituteur.

Permettez-moi, messieurs, de vous rappeler que M. Demkès est le fils de ses œuvres, et qu'il est un des plus éclatants exemples de ce que peut une intelligence supérieure secondée par une énergie et une volonté inébranlables. Il s'est élevé par son travail opiniâtre, par sa persévérance de tous les jours à une situation exceptionnelle dans la profession qu'il a si dignement exercée.

Il débute en 1845 dans le département de Seine-et-Oise, et, après un stage de quelques années, il est appelé, en décembre 1849, par M. Gand, en qualité d'instituteur adjoint à l'école communale des Batignolles.

Là, il se sent plus à l'aise ; il comprend qu'il se trouve sur un théâtre plus digne de lui, et, sans perdre de temps, il se met à l'œuvre ; sa première préoccupation, c'est de relever l'école, dont l'ancien éclat était un peu obscurci, à cause de la longue et douloureuse maladie à laquelle venait de succomber son honorable prédécesseur ; il veut en faire une école modèle et apporter à l'enseignement tous les perfectionnements praticables ; il fait de ses classes sa chose la plus chère ; il étudie avec ardeur tous les procédés nouveaux, toutes les méthodes qui paraissent; lui-même en découvre de nouvelles, et il apporte dans la vulgarisation de ses idées cette clarté d'esprit, cette sûreté de jugement, cette volonté de bien faire, enfin, cet amour du progrès qui ne l'ont pas abandonné jusqu'à la fin de sa carrière.

Je ne le suivrai pas, messieurs, dans cette longue et admirable existence de luttes et de fatigues ; je ne vous dirai pas le courage et le zèle qu'il a déployés pour triompher de tous les obstacles ; il me suffirait, d'ailleurs, d'énumérer ici les nombreux témoignages d'estime qu'il a reçus de tous ses supérieurs et de ses collègues, et les distinctions plus nombreuses encore qui sont venues le chercher dans sa modeste position. C'était là, disons-le bien haut, la juste récompense d'une vie de dévouement et d'abnégation.

Laissez-moi seulement vous dire que M. Demkès fut un homme distingué entre tous et qu'il fut surtout un homme utile à son pays. C'était là l'unique pensée de sa vie. C'était le rêve qu'il caressait avec amour ; il voulait passer sur la terre en laissant une trace lumineuse et bienfaisante.

Et, messieurs, quelle tâche plus noble, plus élevée, mais aussi plus aride, que de se vouer à l'enseignement primaire ! Que de jouissances lorsqu'on voit, grâce à ses soins, s'ouvrir à la vie intellectuelle et morale ces générations qui se succèdent ; losqu'on a pu faire de ces jeunes enfants, qu'on prend au sortir des bras de leurs mères, des hommes utiles et de bons citoyens ; lorsqu'on a pu leur inspirer l'amour du vrai, du bien, du beau et éveiller dans leurs cœurs les nobles sentiments de fraternité, de solidarité et de justice! Mais aussi que de déboires, que de déceptions, que de mécomptes dans cet apostolat si modeste et pourtant si honorable, et qu'il faut estimer, à raison même de son obscurité, à l'égal des fonctions les plus hautes! Eh bien, messieurs, M. Demkès a réalisé son vœu le plus cher; il a réussi au-delà de toute espérance. J'en prends à témoin ses collègues, ses amis, ses élèves qui m'entourent; il a été un homme éminemment utile; son nom peut figurer dans le livre qu'il a écrit et qu'il a appelé la *Biographie des hommes utiles,* et au-dessous de ce nom on pourra graver ce qu'on a dit du sage de l'Ecriture :

Il a passé en faisant le bien.

Messieurs, la plus grande marque d'honneur et d'estime que nous puissions donner à l'instituteur émérite que nous pleurons aujourd'hui, ce n'est pas d'apporter sur sa tombe de vains et stériles regrets, mais c'est de nous inspirer de son exemple et de suivre après lui la route qu'il nous a tracée.

Vous surtout, jeunes enfants, qui venez avec nous lui porter l'adieu suprême; vous dont il a dirigé les premiers pas, soyez fidèles à sa mémoire; gardez religieusement le souvenir de cette vie laborieuse qu'il vous consacrait, et qu'il vous lègue comme un modèle à suivre; que, mort, il vous guide, comme, vivant, il vous a soutenu de ses conseils et de ses précieuses leçons. Soyez maintenant ses dignes élèves, et plus tard devenez, comme lui, des hommes utiles à la patrie. C'est ainsi que vous lui payerez votre dette de reconnaissance; et, grâce à vous, l'on pourra dire que votre regretté professeur a poursuivi son œuvre par-delà le tombeau.

ALLOCUTION PRONONCÉE PAR M. PUTEAUX

PRÉSIDENT DE LA SOCIÉTÉ DE SECOURS MUTUELS.

Je viens, au nom de la Société municipale de secours mutuels du 17e arrondissement, dire, à mon tour, un éternel adieu à l'honnête homme qui fut son fondateur et son vice-président.

M. le Maire vous a montré M. Demkès dans ses fonctions d'instituteur ; il l'a suivi, dans cette laborieuse carrière de l'enseignement, conquérant successivement tous ses grades, toutes ses distinctions, depuis les palmes universitaires jusqu'à la décoration de la Légion d'honneur, comme sur un champ de bataille où il devait laisser la vie.

Permettez-moi de compléter ce portrait en vous dépeignant Auguste Demkès sous un autre de ses aspects, sous celui de l'homme de bien.

Vivant continuellement avec les enfants du peuple, formant de futurs citoyens pour la patrie, il ne veillait pas seulement à l'instruction, mais encore à l'éducation de ses élèves. Semblable au bon pasteur, qui connaît toutes les brebis de son troupeau, sa sollicitude accompagnait les enfants jusque dans leur famille, et ses conseils s'adressaient aux parents eux-mêmes, car il était un de ceux que préoccupait le plus l'amélioration intellectuelle et morale de la classe laborieuse. Aussi, lorsque, sur l'initiative de l'honorable M. Balagny, nous avons fondé, il y aura bientôt vingt ans, notre société de *Secours mutuels,* M. Demkès en devint aussitôt le principal organisateur et un des membres les plus dévoués, se consacrant tout entier à cette œuvre, dont il était pour ainsi dire l'âme et la vie.

Et quand, pour la première fois, sa place demeura vacante à notre Conseil d'administration, tous ses collègues, saisis d'un sinistre pressentiment, sentirent que leur vice-président était frappé à mort.

Cependant, malgré l'affaiblissement de ses forces, il ne nous abandonna pas, se répandant et se prodiguant encore jusqu'à son dernier souffle pour l'œuvre qu'il avait fondée. Il y a quelques jours à peine, dans un de nos derniers entretiens, après m'avoir parlé de son école, objet de sa constante préoccupation, il s'inquiétait encore des intérêts de notre Société, qui lui était si chère.

C'est donc un devoir que je remplis, en venant, comme Président, au nom de la Société tout entière, pour tous ces braves cœurs d'ouvriers, rendre un suprême hommage de respect, payer un dernier tribut de gratitude à celui qui fut leur ami, leur conseil et leur bienfaiteur.

Ensuite M. Félix HÉMENT, inspecteur de l'enseignement primaire, s'avance et vient aussi rendre justice au rare mérite d'un collaborateur dont il avait pu apprécier l'érudition étendue et l'expérience consommée. M. Demkès, dit-il, n'était pas seulement un instituteur distingué, pourvu d'une instruction variée et d'aptitudes marquées pour l'enseignement, c'était un pédagogue. Pendant plus de vingt-cinq ans, il a dirigé l'école communale de la rue des Batignolles, et il a élevé bien des générations d'enfants. Or, il ne s'est pas borné à les instruire et à leur fournir les moyens de se rendre utiles à leurs familles et à la société, il les a suivis et guidés au dehors de l'école; il s'en faisait une grande famille; il leur inspirait le goût du beau, l'amour du vrai et du bien. Il ne se préoccupait pas seulement de l'intelligence, mais de l'âme tout entière, cherchant surtout à former des hommes; en un mot, c'était un éducateur.

Jusqu'au dernier jour, il a dirigé son école; il est mort sur le champ des combats de toute sa vie, après avoir rempli consciencieusement sa tâche. Sa vie modeste, mais honorée, est tout à la fois pour nous un exemple et une leçon. Ses élèves, qui l'accompagnent ici profondément attristés, lui avaient voué un respectueux et solide attachement; ses concitoyens avaient pour lui une profonde estime, et l'État l'avait comblé des récompenses qu'il accorde à ses bons serviteurs. Mais que sont ces récompenses terrestres, dont les insignes parent sa tombe, auprès de celle qui lui est réservée là-haut, et à côté de la profonde satisfaction que cause le devoir accompli?

Paris, 12 mai 1877.

RÉCOMPENSES

OBTENUES PAR M. DEMKÈS.

Nommé Directeur de l'école des Batignolles, le 4 janvier 1852.

Mention honorable de la Société élémentaire, le 27 juillet 1856.

Médaille de bronze de Son Exc. le Ministre de l'Instruction publique, le 4 septembre 1857.

Officier d'Académie, le 14 janvier 1858.

Médaille de bronze de la Société élémentaire, le 14 juillet 1861.

Médaille d'argent de Son Exc. le Ministre de l'Instruction publique, le 24 décembre 1862.

Médaille d'or offerte par les anciens élèves de l'école, 1850-1862, le 25 décembre 1862.

Médaille d'argent de la Société municipale de secours mutuels du XVIIe arrondissement, le 26 juillet 1863.

Médaille de bronze de la Société d'encouragement au bien, le 9 avril 1864.

Médaille d'argent de la Société pour l'instruction élémentaire, le 29 mai 1864.

Officier de l'instruction publique, le 15 août 1866.

Médaille d'or pour les classes d'adultes, le 13 décembre 1866.

Médaille d'or de la Société des sciences industrielles, arts et belles-lettres, le 22 mars 1867.

Chevalier de la Légion d'honneur, le 11 août 1869.

Médaille et diplôme accordés par la Société de secours mutuels du XVIIe arrondissement, le 14 mars 1874.

Membre de la Commission de statistique du département de la Seine, le 14 octobre 1856.

Fondateur et administrateur de la Société de secours mutuels des Batignolles, le 5 juin 1859.

Vice-président de la Société de secours mutuels, fonction qu'il a conservée jusqu'à sa mort, le 27 juillet 1862.

Vice-président et fondateur du Comité des Batignolles de la Société d'encouragement au bien, le 12 juin 1863.

Membre du Conseil de la Société pour l'enseignement professionnel, le 28 février 1864.

Membre du Comité d'enseignement de l'Association polytechnique, le 1er mai 1865.

Administrateur de la Caisse d'épargne, le 9 mars 1867.

Membre du Conseil d'administration de la Société pour l'instruction élémentaire, le 5 février 1868.

Membre correspondant de la *British and Foreign School Society* (Société pédagogique de Londres), le 2 février 1869.

www.ingramcontent.com/pod-product-compliance
Lightning Source LLC
Chambersburg PA
CBHW061618040426
42450CB00010B/2546